DANKSAGUNG

Vielen Dank an Jana für deine Beratung und die Hilfe bei der Umsetzung meiner Gedichte zu einem Band im offiziellen Buchhandel.

Und auch vielen Dank an Meike, dass ich deine großartigen Zeichnungen für mein Cover und zur Illustration eines wichtigen Gedichtes verwenden durfte

und natürlich auch an alle, die mich über viele Jahre in meinem Schaffen bestärkt haben. Ihr wisst, wer ihr seid. Ich hab euch lieb.

So, um ein gutes Buch anzufangen, brauche ich hier jetzt noch ein schönes Zitat und eine Widmung...

Ich widme diesen Band vor allem
allen Armen und Familien,
meiner Lebenspartnerin
und allen Menschen, die verliebt sind.
Zitat: Ich.

Easy.

Bibliografische Informationen der Deutschen Nationalbibliothek:
Die Deutsche Nationalbibliothek verzeichnet diese Publikation
in der Deutschen Nationalbibliografie, detaillierte bibliografische
Daten sind im Internet über http://dnb.dnb.de abrufbar.

© 2018 Fabian Voß
Herstellung und Verlag:
BoD – Books on Demand, Norderstedt

ISBN: 9783748165910

DIE FARBEN DER TRÄNE

Eine Sammlung von Gereimtheiten

geschrieben von Lotus oder Fabian Voß

mit Bildern von Meike Staar.

GEDICHTE LESEN

Für alle, die sich für Hintergründe interessieren: Bitte lest meine Werke nicht biographisch. Ich habe keine Lust, dass meinetwegen die Selbstmordnothilfe gerufen wird, nur weil ich auch über unangenehme Themen schreibe. Ihr schiebt doch auch keinen Töpfer in den Brennofen, nur weil er mit Ton arbeitet, oder doch? Genauso wenig wie ihr euch beim Anblick einer handgefertigen, gläsernen Vase fragt, was für persönliche Wehwehchen den Glasbläser wohl umtrieben haben mögen, als er an jenem schicksalhaften Tag durch sein strammes Rohr inbrünstig in einen klebrigen Glaspopel hinein gehustet hat.

Immer noch nicht klar? Okay, ich hab hier noch einen: Wenn ihr ein Haus bezieht, richtet ihr es dann so ein, wie ihr meint, dass es dessen Erbauer darin gefallen hätte? Natürlich nicht. Ihr bezieht meine Werke und nicht ich. Nichts für Ungut, aber ich kann und möchte nicht euer Mitbewohner sein, also nehmt beim Lyrikbezug auch keine Rücksicht auf mich. Das Lesen eines Gedichtes ist ein kreativer Prozess. Also beleidigt meine Werke nicht und nehmt euch selbst nicht diese einmalige Gelegenheit, für euch selbst zu denken, indem ihr mich fragt, ob ich psychische Probleme hätte.

Selbstverständlich habe ich welche, aber das verbuche ich einfach mal unter meinen Qualifikationen, so wie der übermäßige Konsum von ZOT, meiner Werkstoffkorkensammlung oder der Besitzer eines südamerikanischen Rotschwanzaras zu sein.

Für alle, die hier noch weiterlesen, hier noch etwas ernst gemeinte Selbstempfehlung: Mein Name ist Fabian.

Ich bin geboren und lebe in Schleswig Holstein und das Dichten ist seit meinem zwölften Lebensjahr mein Handwerk. Ich sage bewusst „Handwerk", denn das Dichten ist erlernbar so wie Tischlern oder der Konsum von Literatur. Ja, auch ihr seid Handwerker, ihr erschafft Eindrücke und jeder einzelne ist einzigartig und wertvoll für euch selbst und für einsame Dichterseelen, die gelobt werden wollen. Das Handwerk des Interpretierens ist zwar wenig anerkannt, aber dafür sehr nützlich. Wir beschäftigen uns heutzutage schon oft genug mit niedrigschwelligen, klein portionierten Unterhaltungsangeboten auf Instagram oder Youtube. Von Zeit zu Zeit kann man sich ruhig auch mal wieder davon überzeugen lassen, was Lyrik für den Menschen leisten kann. Sinn, Gehalt, Emotionen, Inspirationen, Selbsterhebung. Vielleicht sind nicht alle meine Werke in der Lage, diesen Ansprüchen für jeden individuell Gerecht zu werden, aber solange jeder von euch auch nur ein einziges Gedicht in diesem Band findet, dass ihn erfüllt und etwas bewirkt, dann habe ich mein Ziel erreicht.

Also dann, das waren meine Gedanken dazu. Ich wünsche euch eine anregungsreiche Leseerfahrung und bedanke mich für euer Interesse.

ZORN

Weil alle Wege, die zum Weinen führen, an diesem Ort ihren Ursprung finden.

MEMENTO MORI

Du arme verlorene Seele.
Manch einem kann es scheinen,
die Freiheit liegt in den Träumen,
doch aufgrund der Unfreiheiten
dieser Zeiten
werden die Meisten sie nie erreichen.

Wo du Striche setzen kannst,
da endet Freiheit, fängt sie an.
Doch ich war mit Wahnsinn geschlagen
und suchte in den Regentagen
Freiheit zu erfahren
in vielen Sprachen, mit vielen Namen...

In meiner Kehle ist ein Krampf
vom eingesaugten Schwefeldampf.
War auf der Odyssee zu lang,
ich wollte nur die Freiheit suchen,
suchte sie in Eis und Kuchen.
Freiheit schlägt mir auf den Wanst.

Lang ist's her, dass er die Kinder nahm.
Der Tag wird Dunkel, Stille naht.

Angst hält mich gepackt.
Ich wollte ja die Freiheit spüren,
spürte sie im Fleisch Berühren,
habe mich so heiß entschlackt.

Der Gehörnte steht bereit,
wartet nur auf meine Zeit.
Ich blickte starr auf unsereins,
fragte, ob sie Freiheit haben,
tragen sie in ihrem Magen.
Enttäuschend war, sie aufzuschneiden.

Hörst du nicht die Pferde wiehern?
Bald ist schon die Stille hier.
Vielleicht kommt Freiheit ja von mir?
Ich mochte meine Körperwände,
Hände, auch die blutbefleckten.
Alles misst sich aus von mir.

Der Richter schlägt die Selbstgerechten,
das Lamm erwachte, sie zu ächten.
Alle dachten mich für schlecht.

Für mich selber schien es gut,
gut die Freiheit, nichts zu tun.
Bis man sich im Tod entdeckt.
Die Geißeln wiehern hinter mir.
Die Stille steht vor meiner Tür.

Nun steh ich hier in meinen Zierden
und möchte Freiheit hierher spiegeln,
spiegle mich in Gelbsteinziegeln.
Die Last beginnt, mich einzuschnüren.

Die Sieben bricht, die Winde wehen.
Und ich soll nun durch sie vergehen?
So soll es um die Freiheit stehen?
Ich reiße mir den Stoff vom Leib,
der Leib und auch die Kirche sei
der Warteraum, kein Weg.

Der Zorn in mir vervielfacht sich.
Schwefel schlägt in mein Gesicht.
Als letzte Freiheit eignet sich
die Wahl des Zeitpunktes?

REGENSCHIRM

Ein Mann spannt seinen Schirm
und um ihn sich die Welt
aus Maden, Gewürm,
Zögern und Angst,
denn Hass ist seine Welt.

Ein Abrissbirnenniederschlag
fällt mit Staub- und Steingetöse
auf den ehernen Stoff herab.
Der beginnt, sich flink zu lösen.
So tröstet ihn die Welt.

Ein Messerklingenwind, der schneidend
sich durch Kleidungsfurchen bahnt
und nach Art des Gertenzweiges
den Rücken beim Bücken mit Wunden rahmt.
Und so umarmt die Welt.

Ein Schicksalsblitzschlag trifft die Spitze,
da worauf der Regen pisst.
Bald zieht der Tod in jede Ritze,
die Zeit, die das Bewusstsein frisst.
Schau, so küsst die Welt.

Wer spannte ihn auf dieses Instrument?
An seinem Schirm verfließen
die Strophen seines Lebens
im Schniefen von Wind und Regen.

Im Toben der Menschenseele
strecken wir uns selbst nach oben,
weil wir das müssen,
allem Elend der Welt entgegen
und den Küssen.

Doch dieser Mensch hat auch ein Herz,
das ist erfüllt bis ganz zum Rand
mit manchem Weh und auch mit Herbst.
So entschied er, ganz galant,
nach Art der Welt zu lieben
und war zufrieden.

NICHT MEHR SCHÖNE KUNST

Ladada. Jajaja. Okay, folgendermaßen:

Das ist Baden in Rasierklingen –Dichtkunst.
Bei Schlagerliedern Mitsingen – Dichtkunst.
Fremden ins Gesicht schlagen – Dichtkunst.
Ich ficke eure Mütter, aber hoffe, dass sie Aids haben –
Dichtkunst.
Dichtkunst zum versagen, zum sofort Vergessen.
Dichtkunst, wie Erbrechen nach dem Mittagessen.
Die Fritteuse mit dem Taufbecken verwechseln.
Dichtkunst. Dichtkunst in deine Fresse.

Na wen haben wir denn da?
Bist du nicht der lachende,
stinkende, tanzende
Abschaum der Welt?

Du bist Deutschland, heißt,
du bist Scheiße.
Das ist zweifelhaft,
ich weiß.

Teile das doch mal auf Facebook.
Du weißt:
Es steht nicht nur des Landes Zukunft,
sondern deine Eingeweide
auch auf Messers Schneide.

Schau doch mal nach nebenan,
da ist nicht viel edles dran,
doch mach doch einmal, gebe an
mit deinen tollen Eigenschaften,
die dich so viel besser machen.

Warne mich ruhig,
wir verstehen uns nicht,
wegen dir finde ich
vierzehn Jahre meines Lebens nicht.

Eine Zeit, fast wie für immer,
in der Dunkelheit behindert,
lange unterbelichtet,
aber jetzt bestimme ich.

HYBRIS

Man spielt uns in die Welt
und wir spielen mit dem Leben,
sind so beschäftig im Verleben,
dass man sich kaum vorm Ende graut.

Doch das Grauen ist in uns.
Es spricht zu dem Verlierer.
Drum möchten alle lieber
Youtuber als arm sein.

Schau: An deinem Kopf sind Kreise und Pfeile,
ich hingegen trage Zeilen im Köcher.
Mein Leben ist zwar eine Box mit Löchern,
doch alles existiert für mich.

Alles misst sich aus von hier.
Das Herz der Welt ist mein Geburtsort,
dieses kalte Loch im Brustkorb,
das alle Menschen mit sich tragen.

Wir sagen:
Ich bin allein auf dieser Erde.
Alle Wichtigkeit ist hier.
Alles misst sich aus von mir.
Jeder denkt sich selbst als König.

Und das ist nötig, um noch zu träumen.
Ich träum ein Schloss und zwanzig Pferde.
Ich bin das Zentrum meiner Erde.

Alles misst sich aus von mir.

Und du, du Zierde meiner Jugendträume,
du Zeugin des Uranosblutes,
komm mich in meiner Box besuchen,
denn ich bin eine Eidechse.

Und kein Typ zum einwechseln.
So sitz ich hier am Spielfeldrand,
dem Lebenssinn sein Niemandsland
und niemand sitzt auch neben mir.

Denn ich bin nicht Teil vom Geist der Zeit.
Eine Generation von Schnapsleichen
mit ausgebreiteten Körperteilen, die hofft,
man würde sie mit Jesus vergleichen.

Ja, ich tat mich brav vernetzen,
bis ich mich verfangen habe.
Freundschaft, das ist Glaubensfrage,
das kann das Internet nicht leisten.

Die meisten denken in ihrer Zeit
nur so weit, sie am besten
auffällig zu verschwenden.
Es ist ein krankes Spiel.

Das Ziel ist die Achtung von Leuten,
die selbst nur Achtung wollen

und uns nur so weit folgen,
wie wir sie auf Facebook markieren.

„Aber, aber, hier ist doch,
der rote Schopf der Erde,
wo ich lebe, wo ich sterbe,
alle Wichtigkeit ist hier!"

Die Nichtigen sind dezentral,
heißt egal, bedeutungslos.
Täuscht euch bloß nicht,
ihr seid nicht wichtig.
Nur für mich gilt das nicht,
natürlich.
Denn ich bin ja wichtig,
natürlich.
Ich liebe mich inniglich,
bin würdig,

unter Millionen wichtigster Menschen,
die um diesen Titel kämpfen,
als einziger in jungen Jahren schon,
der liebste Sohn einer unsichtbaren,
nur mir nahen Gottheit zu sein.

Nur mir kann das Misslungene gelingen
mit kryptischen Versen und Handzeichen
und wär dies nicht der Stand der Dinge,
so müsste man mich wegschmeißen.

AUF'S MAUL...

Gustav ist ein Deutscher
und ist sehr brüskiert.
Tut er für alle äußern,
die es nicht int'ressiert.

Gustav kann auch singen
von der guten alten Zeit.
Nur ihn zum Schweigen bringen,
ist die Schwierigkeit.

Gustav mag auch Farben,
beispielsweise weiß.
Nur andere Hautfarben,
sind eigentlich nicht seins.

Ein wird jetzt teuer
für alle Mal
erstickt ihr an eurer
Doppelmoral.

Auf Zu der kunft.
In Deutschland die Nacht.
Wenn nicht mit Kunst,
dann mit der Axt.

Ja die Gertrud die ist Hausfrau,
die Gertrud die ist Hausfrau,
ja die Gertrud, die Gertrud,
sie ist eine Hausfrau.

Und sieht sie andre Frauen
auf den deutschen Straßen,
dann kann sie es nicht glauben,
dann kann sie es nicht fassen.

Die dürfen selber denken,
ganz für sich alleine.
Nur dies zu bekämpfen,
darf Gertrud nicht entscheiden.

Ein wird jetzt teuer
für alle Mal
erstickt ihr an eurer
Doppelmoral.

Auf Zu der kunft.
In Deutschland die Nacht.
Und wenn nicht mit Kunst,
dann mit der Axt.

Björn ist ein Politiker,
und in sein Land verliebt.
Björn ist auch ein Kleriker,
der nie die Bibel liest.

Björn, der Fürst der geistig Armen
der die Rassen wieder trennt
und Polemik, Hasstiraden,
ritterliches Kämpfen nennt.

Er hat nicht nur überführt,
das Dumme dumme Menschen wählen.
Björn ist auch der Grund dafür, dass
Deutsche sich für Deutschland schämen.

Und ein wird jetzt teuer
für alle Mal
erstickt ihr an eurer
Doppelmoral.

Auf Zu der kunft.
In Deutschland die Nacht.
Wenn nicht mit Kunst,
dann mit der Axt.

Na, habt ihr mich vermisst?
Ja, nennt mich einen Volksmörder.
Ich schlage auf den Volkskörper,
dass Blut in jede Richtung spritzt.

AUSUFERUNGEN

Sah mich lange schon als jemand,
der der Welt etwas bedeutet,
doch sehe mich im Spiegel
und der Anblick ist enttäuschend.

Wollte berühmt oder der Beste sein,
für irgendjemand etwas sein,
doch schreibe depressive Lieder
und irgendwas mit Kerzenschein,
weil es sich reimt.

Scheiße nein, ich fühle mich berufen
und ist das jetzt meine Endstufe?
Nur ein kleines Licht von vielen,
die nach Sinn in dieser Welt suchen?

Wenn dieses Leben nur Komödie ist,
dann checke ich den Witz nicht,
doch zeig mich weiter auf der Einkaufsstraße,
wartend auf das Blitzlicht.

Don't do drugs?
Das musste ich auf harte Art erfahren
und schiebe lebenslang Psychosen
und niemals einen Kinderwaagen.

Und wer denkt, ich simuliere, kann sich ficken,
schreibt lieber Instramgeschichten,
wie bisher, anstatt zu denken.

TOTE IM UNTERGESCHOSS

Am High Noon glaubte ich,
es gibt noch Gründe zu hoffen.
Es ist ein Uhr und ich bin besoffen.

Scherben sind die Welt,
du hast zwei Augen für Details,
doch das Mosaik zersplittert
und es dringt in sie hinein.

Das mit Hoffnung und dem Frieden
ist nur fiktive Liebe,
wie bei Ron und Hermine.

Aber das ist keine Punchline Diggi,
das ist Nostalgie und einladend,
wie ein Paar kurz vor dem Heiraten,
aber keine Leistung.

Das ist Zwangsgedankenrap und
Andenken an echten Pathos,
doch für zwanzig mille Likes
und zwei Minuten heuchlerischen Mitleidszirclejerk
im Internet verwahrlost.

Tauft eure Babys in Fritösenfett,
Ihr könnt euer Erbe nicht aus ihrem Blut waschen,
alle Bäume, Bienen, Tiere, die sie umbrachten.
Jedes gegen alle Menschlichkeit gefällte Gutachten.

TOTE MENSCHEN

Ein großer Mann ist groß, so groß,
weil er es sagt, so groß, so groß.
Auch was er sagt ist groß, so groß,
das sagen seine Bonobos.

Was ganz, ganz viele Leute sagen,
braucht man gar nicht hinterfragen,
auch wenn diese Leute sagen,
man soll Ausländer vergasen.

Und sie vergasten Ausländer,
für alle Menschen erkennbar.
Und was machen wir dagegen,
die Schar die mit den Schlangen reden?

Oh, was uns das abverlangt.
Du musst sie töten tapferer
Bewaffneter, musst Leichen häufen.
Dann singen wir zusammen, Freunde!

Hurra, hurra, ein Mensch ist tot.
Hurra, hurra, ein Mensch ist tot.
Faschismus kann schon tödlich sein,
darf ich darum nicht fröhlich sein?

Hurra, hurra, ein Mensch ist tot.
Hurra, hurra, ein Mensch ist tot.
Dummheit kann auch tödlich sein,
darf ich darum nicht fröhlich sein?

Ein stolzer Mann ist stolz, so stolz.
Sein Land ist ganz, ganz, ganz, ganz toll.
Er wird nie müd', das zu betonen,
Überlegenheit zu loben.

Andere für ihn sind Schmutz,
denn andere bedürfen Schutz.
Das Andere ist nicht wie er,
dass zu verstehen viel zu schwer.

Früher, als die Anderen,
noch gar nicht waren und man Frauen
schlagen durfte wie im Stall das Schwein.
Heute soll es auch so sein.

Ihr denkt an früher, Zeit des Führers
und so verhaltet ihr euch auch.
Doch bald schon reißt man diesen Baum,
aus faulem, braunen Boden aus.

Hurra, hurra, ein Mensch ist tot.
Hurra, hurra, ein Mensch ist tot.
Melancholie kann tödlich sein,
darf ich darum nicht fröhlich sein?

Hurra, hurra, ein Mensch ist tot.
Hurra, hurra, ein Mensch ist tot.
Denn auch Stolz kann tödlich sein,
darf ich darum nicht fröhlich sein?

Ein schlauer Mensch ist schlau so schlau,
weil er sich ein Auto kauft.
Weil er sich die Vorstadt
und die Obdachlosen kauft.

Oh du schlaues Alphatier,
wie bist du, bist du talentiert,
alle horchen auf dein Geld,
denn du kamst reich auf diese Welt.

Und nichts kann deinen Stand erschüttern
weil deine Mutter unter Müttern
dich von unter ihrem Herzen
ausgepresst hat unter Schmerzen.

Bedeutungsvoll sind deine Eltern,
doch nichts davon liegt an dir selber.
nun naht der Tag, um all das Deine,
durch Attentat neu zu verteilen.

Hurra, hurra, ein Mensch ist tot.
Hurra, hurra, ein Mensch ist tot.
Tja Reichtum kann schon tödlich sein,
darf ich darum nicht fröhlich sein?

Hurra, hurra, ein Mensch ist tot.
Hurra, hurra, ein Mensch ist tot.
Darf ich da nicht fröhlich sein?
Das Herz sagt ja, das Herz sagt nein.

ENT-ART-ETE KUNST

Nichts ist so erbärmlich,
wie ein Idealist,
den von Einsamkeit entwärmt
die Courage verlässt.

Nichts ist so sinnlos,
wie ein Künstler,
der groß von sich redet und denkt,
obgleich es sich nicht so verhält.

Nichts kühlt die Hülle,
wie ein Steinwurf
auf die leere Bühne.

Dabei bedarf es doch
Menschen, die sich bemühen
irgendwas kontrovers interessantes
zu sein.

Doch steigt da niemand,
auf dies hohe Pferd,
ist da auch niemand,
der die Klage hört.

Und ist da niemand,
der die Klage hört,
macht es da vieleicht
keinen Sinn zu klagen.

Dabei ist gar nichts so erbärmlich,
wie Talent besitzen tun,
ohne etwas zu sagen zu haben.

Und nichts so sinnlos,
wie alles zu wiederholen,
bis sich die Aussage verklärt.

hassliebe

ich liebe nein ich hasse nein ich hasse liebe dich
so sehr so absolut so absolut so nicht
ich will sterben ich will leben gehend stehen
sehen flehen nehmen quälen etwas zählen
für dich nein für mich nein für alle andern
zwing mich nicht allein allein zu wandern
ich näher mich du stößt mich du nährst dich ich muss
du bist nie da doch ich muss horchen wenn du rufst
ich würde für dich sterben du würdest mich vergessen
was soll nur aus uns werden du hast mich leergefressen
ich bin nicht mehr ich in mir wohnst nur du
doch schon bald winkst du dem nächsten zu
gefressen getrunken verbraucht erstickt
ich liebe was mich hasst und ich hasse liebe dich

ABWÄRTS

Ich höre jemand sagen:
„Ich glaube nicht an Liebe!"
Doch das ist eine Lüge.
Denn er hat meine Stimme.

Mein Nachbar sagte einmal:
„Ist alles nicht so schlimm."
Und irgendwas mit Weißheit
und etwas von Erfahrung.

Ich will mich nicht beschweren,
doch diese Welt ist grausam,
jetzt zeigt mir eine andre!

Wenn nicht, dann nehme
ich die meine auseinander.
Einfach auseinander
wie Menschen, die sich hassen,
obwohl sie sich doch lieben.

Ich glaube nicht an Zeit,
ihr sagt sie sei zu schnell,
doch meine ist zu lang,
erstickt an Glas und Sand.

Mein Nachbar sagte mal:
Geh doch nach draußen Junge,
jetzt glaube ich, ich steh im Wald
und bin nicht beeindruckt.

Jetzt kann ich endlich sehen,
wie die Welt an mir vorüberzieht,
ohne mich zu sehen.

Und ich schlage mit der Stirn,
gegen Bäume, gegen Steine,
gegen Straßenlaternen,
bis mein Denken endlich scheidet
für einen Atemzug der Wärme.

Ich glaube nicht an Glück,
denn ich kann in mir keins finden,
aber sehe so viel Glück,
außerhalb von meinen Wänden.

Da ist mein Nachbar auch schon wieder,
bitte ja erzähle mir,
von all den schönen Dingen,
die dein Leben so viel besser
machen als das meine.

Und mein Nachbar redet Liebe,
doch ich höre nur noch Hass,
ich will nichts von deinem Frieden,
schau was dein Reden aus mir macht!

VERZWEIFLUNG

Wir fallen ab, bis an die dunkelsten Orte...

SCHMETTERLING

In meiner bunten Kindheitswelt,
hing ich an deinen süßen Lippen.
In verklärter Zeit gesellst
du dich zu mir auf meinem Weg,
mich meinetwegen selbst zu finden.

Mit deiner süßen Stimme führst
du mich durch alle Trauertage,
berührtest mich bis Herz und Magen.
Als ich sie erstmals hörte rührte
sie mich mit allem, was sie sagte

an, ein bessrer Mensch zu sein,
als Freund verständnisvoll zu sein
mit deinem süßen Wesen.
Ach hätt ich's damals schon gelesen,
in deinem abwesenden Blick.

Nie war mir diese Zeit so nah,
nie hab ich solchen Schmerz gespürt
wie an diesem grauen Tag.
Jetzt schließt sich diese Tür,
jetzt stehe ich an deinem Grab.

Nie war mein Leben weniger,
nie weinte ich so saure Tränen,
wie im späten Fernesehnen, an diesem Tag.
Als ich deinen Sarg getragen,
als ich dich beerdigt habe.

KÖNIG EINER WELT

Ich höre leise
Schritte durch
mein kleines Schloss
aus Scherben.

Ein weißer Geist
trägt Licht und Wärme
in der Laterne
vor sich her.

Ach komm doch her,
bin so allein,
hier ist nur Klang
von Kirchenglocken

Auf meinem Turm
die Stufen geh,
hinauf zu mir,
bis wir uns seh'n.

Und versteh'n,
was ich sehne,
bist zwar du,
doch bist du nicht,
warst niemals da...

Nein ich hörte
deine Schritte
nicht durch meine
Scherben treten.

Und ich konnte
deinen Schemen
nicht vor meinem
Fenster sehen.

Du bist die Stufen
nie gegangen
hoch zu meinem
Turm hinauf...

Da war kein Licht
in der Laterne...
Vielleicht gilt das
auch für dich...

VOM „GEGEN-WÄNDE-RENNEN"

Welch hohe Gerichte
werden wir erfinden müssen,
um dem Menschen
verzeihen zu können,
wie er sich selber sieht?

Welch hohe Flammen müssen
neben den trockenen Flüssen
in der Menschenseele brennen,
um das abgewandte Leuchten
unsrer ausgebrannten Sonne
neu zu entfachen?

Welch gute Gedanken
werden wir noch denken müssen,
um etwas Wahrheit zu besitzen?

Nachdem wir uns hier wiederfanden,
in den postapokalyptischen Landen,
kann Wahrheit allein, das einzige
sein, das uns die Lüge Lieben lehrt.

Dann spotten wir des alten Gottes
in der schwarzen Abendsonne,
die Welt ist gar zu Hoffnungslos,
um noch mehr zu machen,
als die Pfaffen ihres Herren
über ein Feuer zu zerren,
sie von allen Seiten zuzubereiten,

um von ihrem Fleisch zu naschen.

Welch hohes Gericht,
ist so hoch sich zu eignen,
uns unsere Hybris zu verzeihen?
Welch Strafe werden wir ertragen,
um uns selber zu behagen?
Justitia soll sie mir erteilen.
Ich will in ihre Klinge eilen!

Welch Schmerz hat sich
der Mensch verdient?
Der Gott verdient sie tausendmal,
der uns auf diese Erde ließ.
Sein Name groß, sein Kopf ist schmal,
er ist ein fahles Bild von dem,
wie wir uns selber sehn.

Ist das des Menschen Himmelreich
am radioaktiven Teich?
In dieser eklig braunen Brühe
ist sich niemand selbst im Bilde.

Und wer schenkt uns eigentlich
noch etwas Heiliges
in der nahenden Zeit,
wenn Gott begraben ist?

DIE RABEN AUF DEM DACHBODEN

Während meiner Zeit im Dachboden,
hoffend auf die Kraft,
den Weg aus mir hinaus zu schaffen,
lauschte ich dem Lied der Raben.

Ich bin ein Held in meiner Zeit,
dadurch, dass ich schweige
und niemand durch mich leidet,
bin ich schon das Beste,
was es geben kann,
was statt zu hassen,
lieber lieben mag.

Ich bin verliebt und
wenn's dir gut geht,
möchte ich aus meinen Worten
blaue Rosen für dich weben.

Wenn's dir schlecht geht,
will ich nicht mehr gehen,
auf den schwelenden Wegen
des Selbstmitleids verweist,
um etwas zu werden,
was einen Menschen mitreißt.
Ich leiste mir Selbstlosigkeit
und tu es nur für dich,
ich tu es nur für dich,
doch in deinen Augen seh ich
mich komischen Vogel nicht.

Ich bewege mich ohne Licht,
durch dieses Leben.
Ein schonungsloser Witz.

Du in deinem Müssen
schweifst apathisch durch die Wochen.
Ich möchte dich beschützen,
doch wo ist mein Grund zu hoffen,
wenn alles liebevolle Handeln
beim Verbandeln nicht zu nützen scheint?

Ist es immer so gewesen?
Wir lesen uns gegenseitig,
ohne die eigenen Leiden zu verstehen.
In Ignoranz unserer Einzigartigkeit
suchen wir den Weg aus
dem Labyrinth des Selbsthasses
in den Armen eines Andern.

Und die Raben auf dem Dachboden
drohen uns mit Liedern
vom Untergang der Welt
und so weiter und so wieder.

EIN AUSBRUCH

Der Spiegel ist mein Ebenbild,
doch kann er mich nicht binden.
Wenn es dies zu sehen gibt,
so möchte ich erblinden.

Vor mir klafft ein schwarzer Spalt,
doch hinter mir ist Sonnenschein.
Das ekelt mich, ich lauf' und falle
jauchzend in den Schlund hinein.

Ich schütte einen Zug auf das,
was gegen meinen Brustkorb drückt.
Werf' ein Blick in mich hinab
und etwas starrt in mich zurück.

WER EINSAMKEIT MEINT,
SOLL NICHT EINSAMKEIT SAGEN.

Dornen, totes Laub
und Schreie.
Mein Echo hallt von kahlen Bergen,
die wie Nadelspitzen ragen,
aus dem Märchenwald bei Nacht.

Klauen, schwarzes Blut
und Augen.
Aus dem Nebelschein heraus
da winkt das Grauen, ich will laufen,
doch die Berge sind zu steil.

Pinkes Haar, ein Huf
aus Perlmutt,
schlägt durch nasses Herbstgemoder.
Ich das letzte meiner Art
und wer mich kennt, der jagt mich schon.

Keine Zuflucht, auch
kein See,
in dem ich noch versinken könnte,
der tief genug ist, zum ertrinken.
Grau bin ich, als sie mich finden.

Einsamkeit und Laub
und Schreie,
morgenlose Winternacht.

FUNDAMENT DER UNWICHTIGKEIT

Bin ich tot? Kann es schlimmer,
wirklich schlimmer als hier werden?
Wir suchen immer nach einem Grund,
keinen sinnlosen Tod zu sterben.

Und meiner sind die Geistesleiden,
nach Art des Lamentierenden.
Und lediglich die Zeit wird zeigen,
ob dies Bahnen ziehen wird.

Nein, ich bemühe mich nicht,
ich bin das, was ich kriege, ich
bin des Menschseins überdrüssig.
weil alles so beliebig ist. –Denn-

Am Ende eines Tageswechsels
bleibst du noch nicht mal du.
Und wenn dir das nicht recht ist,
steck deinen Kopf in einen Krug.

Denn alles, was wir tragen, fällt.
Der Sinn des Lebens selbst
droht auch zu entfallen, wenn
du ihn in Ehren hältst. –Ach-

Gott, reich uns deine Tausend Hände,
um dem Schwindel abzuhelfen,
einen Kult von Glaubenden,
von Humanismusangestellten.

Man muss doch glauben heutzutage,
sonst rückt der Wahnsinn nach.
Was gibt uns Kraft uns selbst zu tragen
und zu ertragen jeden Tag? Nun ja...

Ich habe ein Olivenzweig,
von eiserner Laterne
abgebunden, das andre Zeug
vom Kranz fiel auf die Straße.

Der ausgedorrte Griechenstrauch
soll mir Wirkungen erflehen
wie Baldriankräuter lieblich Rauch
für gelangweilte Seelen.

Gott, ich möchte mich dir beugen
und opfre dir ein Bild des Zweiges,
auf meinem Smartphone neben Teilen
meiner Akkuladezeit.

Gott, du sollst nur für mich walten,
meinen Kopf beisammen halten.
Gott gib mir Kraft mich selbst zu tragen
und zu ertragen jeden Tag. Ach.

Verschaff mir doch nur Linderung
in der egalen Welt.
Ein klein wenig Versicherung,
wenn meine Aktie fällt.

Aber dennoch: Bleibt alles still,
die Todesängste kriegen mich.
Die Menschheit ist jetzt abgestillt,
denn Mutter Erde liebt sie nicht.

Denn sie liebt sie nicht. Nein.
Und wenn ich meine Augen schließe
sehe ich kein Licht und bin
in einer Glaubenskrise.

STILLE

ALS FRÜHER NOCH FRÜHER ALLES BESSER WAR

...und eine Stille kam über die Erde,
kam über die Herzen der Menschen,
die sich nur in sich fallend bekennen,
zu sich und immer nur zu sich.

...und eine Stille kam über die Erde,
laut beinahe kaum zu verstehen.
Bei den Armeen der Geräte
war sie zu sehen, zu finden.

Eine Stille kam über die Erde
und niemand mehr kannte das Schöne
hinter den Übertönen
vom Rauschen zu Unterscheiden.

Nach Art der Propheten vermag ich zu erzählen
nur in sich nach hinten gedreht.
Von vergangenen Dingen:

Wir konnten nicht beten,
wir konnten nicht sehen
doch ver-
stehen uns selber im Weg-
zehrung die uns fehlt im Leben-
slauf ist unvoll-
ständig nur auf Holluzino-
Genen, die den Mensch be-
deuten unser Todes-
Datumsgrenze ist versch-
oben ist nur Stick-
Stoff für einen Strick.

Vielleicht wird das Schänden
die Welt nicht beenden,
doch den Internetmenschen zum Dank
fühlt es sich an jedem Tag
bis zum nämlichen so an.

HEIMKEHR

Jetzt sinkt sie, wie ein Liebeslied
die Sonne von Sibirien,
dann herrscht in meiner Kindheitsstätte
die grauste aller grauen Nächte.

Jetzt sinkt es, wie ein Wiegenlied,
das Nervenbündel Zuversicht,
beim Gang auf nachtgeschwärzten Wegen
aus weltverlassener Seele.

Jetzt klingt es wie ein zartes Klopfen,
von leichenblasser Knochenhand,
an der Haustür hinter der
ich aufgewachsen war.

Jetzt klingt es auch in meinem Ohr,
ein zarter Hauch verlorener Vergangenheitsmusik
durchzieht die Ahnung eines neuen Tages.

Mutig blick ich in das Licht,
erfahre nach dem Morgenrot,
die Frau die mich gebärden
und das sprechen lehrte,
sie ist tot.

BITTERKEIT

...und richten uns häuslich ein.

KAPELLENGEFLÜSTER

Für die Einstiegszeile,
bitte nur ironisch gemeintes Schreiben.
Und die zweite als Erklärung,
damit die Dummen es begreifen.
Drei und vier als Dummenscherz
und hier steht die Erklärung.

Weichgekochte Chilischoten
für die Zielgruppen,
verschriftlichte Abführmittelchen,
bis es sich in Selbstreferenzen
selbst zerfressen hat.

Das ist seelenloses Schreiben,
reibungsloses aufarbeiten
unverbrauchter Themen,
weil es um mich geht
und alles andere erwähnt
und vergeben worden ist.
Wer außer mir sollte mich
denn schon erwähnen?

Der seelenlose Erwähnungsdrang
in unwägbar, medialer Gesellschaft
in totgesagten Worten und Reimen,
im verzweifelten Auftreibensversuchen,
von Bedeutung für Zeilen im Buche,
ist auch nicht Aufhebens genug,
um Erwähnung zu finden,

doch reicht es um an gegenseitiger
Überstrahlung zu erblinden.

An einem anderen Orte,
wärn dies totgesagte Worte,
aber wünsch ich mich dahin,
weil ich da vielleicht von Liebe reden kann,
ohne nach Klischees zu klingen.

So gerne würde ich es wagen
und dir etwas über unsere Liebe sagen,
doch das sind totgesagte Zeilen
und „Liebedich" schon viel zu oft erwähnt,
dass das Wort nun keinerlei Bedeutung
mehr in sich trägt.

Diese Kultur hat sich in sich selbst verlaufen,
im gegenseitigen Aufkaufen
in der ewigen Reproduktion bekannter Themen.
Jetzt ist Erntedank
und Zeit, dass ihr es sterben lasst.

DIE ROSE

Als ich noch dachte, dass man Freunde,
Liebespartner auch gewinnen kann,
indem man nett zu ihnen ist und war,
da schrieb ich diesen Text zusammen.

Du allerliebste Frühlingsblume!
Mein Fiebertraum im Sonnenstich!
Ich bin nur ein Blatt im Sturme
und begehre doch nur dich.

Die Rose sticht, das Herz es blutet,
doch brennt es voller Engelstreue.
Damals ansatzweise mutig,
viel bleibt nicht mehr, außer Reue.

Du siehst mich und du siehst mich zweifeln.
Der wie ich steht einmal hier
nach hundert Bergesgipfelreisen,
warum brach ich auf zu dir?

Ich will, ich will, ich wollte leben.
Leben heißt, geliebt zu werden
und sollte sich im Mich-vergeben
mein Herz zu hartem Leder gerben.

Sieh' du mich an, ich bin der Deine!
Segne mich mit deinen Küssen,
lass mich, mich in dir verneinen
durch die Sätze voller „Müssen".

Du bist der Schönheit Inbegriff,
der hellste Stern am Himmelszelt!
Und darin solch ein Hindernis,
vor der selbsterstellten Welt.

Ich, ja ich, bin mehr als andre.
Für dich versetz ich tausend Berge,
kann Dunkelheit in Licht verwandeln.
Man glaubt es ja, man glaubt es gerne.

Die Liebe ist so tausendjährig.
Ja Naturgewalt wie die
Gestalt von ihr, oh ich verzehr mich
nach einem Male hinter Nie.

MONOLOG DES NIHILISTEN

Lass dich fließen.
Lern genießen.
Hab Mut zu fliegen.
Tu mal lieben.

Spiel dich durch die Wege, schaff
dir einen Sinn zum pflegen an
und frag am schließlichen Tag:
„Wo ist mein Leben abgeblieben?"

Du hast dich selbst zurück gelassen,
doch kamst nicht mehr zurück zum Anfang.
Der Tag, an dem das Bücken startet,
wartet, bis du es erst erfahren hast:
Nämlich dass am schließlichen Tag
alle Liebe dich nicht befriedigen kann.

Weil jede Kunst,
die sich im Leben findet,
durch eine Leere in uns
eine Leere verschwindet.

Vorher Bier,
dann sterben wir,
das ist der Zyklus des Deutschen.
Wir verschütten uns selbst,
alles von uns, um uns selbst zu täuschen.
Darüber hinwegzutäuschen,
dass auch am Boden dieses Glases

kein Frieden wartet.

Liebe schäumt in deinem Magen,
sich einen Weg zum Ziel
in deinem Domiziel
über den Toilettenrand zu bahnen.

Wer hätte ahnen können,
dass am Ende aller Frömmigkeit
die Zeit uns Menschen
eine Abfuhr erteilt.

ASCHENFLÜGEL

Als Mensch zu Füßen der Regierung,
die so liebend auf mich achtet,
dass sie eine Staublegierung
in meine Lungenflügel frachtet.

Wie nett, dass sie die Zukunft sprengen,
doch wie konntet ihr denn wissen,
dass ich aus Angst vor Hungerrente
einen Todeswunsch besitze?

VOM PHILOSOPHEN

Du bist ein eitler Gottessohn,
quälst und windest dich so niedlich.
Die Erde ist jetzt gotteslos.
Warum denkst du dich so wichtig?

Schau nach oben nach den Sternen:
Sind sie nicht blass und fahl geworden?
Sind sie nicht kurz davor zu sterben?
Ist es nicht so an allen Orten?

Man hat uns hier allein gelassen.
Man warf uns weg, gelähmte Heuler,
die vor den Gezeiten lagen
und das Wasser stieg bald weiter.

So trieben wir verängstigt, hilflos.
Alles könnte uns zerbrechen.
So klein sind wir, die Welt ist groß.
Ich wage kaum, es auszusprechen.

Ich glaube alle Menschenleben
sind Eitel in der Welt und Zeit.
Eitel. Nun ist es geschehen.
Eitel. Wort wird Wirklichkeit.

ALLES IST RICHTIG. ALLES IST NICHTS.

Du gehst auf die Party, trinkst, bis alle sich verwandeln.
Ich bin auch da, aber immer- weniger als andre.

Du sagst, du fühlst dich benutzt?
Dein Ex war ein Schuft, so wie der davor auch
und wie der davor auch und wie der davor auch
und wie der davor auch und wie der dafür auch,
aber eigentlich brauchst du doch nur Mr.Right?

Der steht gerade vor dir, doch das ist egal,
denn du bist egal und ich bin egal,
die Welt ist egal, denn nichts ist sicher
und alles ist trivial.

Mit der Lüge der Kunst betrügen wir uns
und tragen unsre liebsten Persönlichkeitsmasken
Larger-then-live Charaktere
als Vorbild einer Generation der gebrochenen Herzen.

Du bist auf der Party, trinkst, bis alle sich verwandeln,
ich mich auch doch immer dabei weniger als andre.

Und wir singen die Lieder, englischer Sänger,
die sangen vom Weltuntergang.
Und alle zusammen, nur der ist allein,
wenn er deren Sprache verstehen kann.

VON GESTERN

So bin ich verdammt, ein Mensch zu sein,
und diese Gier zu spüren.
Nach was sie verlangt, ist unerreicht
und selbst wenn wir es würden,
würde es nicht lange schweigen,
das Ziehen in unseren Beinen.

Ein zweites wünsch ich her zu mir,
ein zweites Paar von Füßen,
das mich angenehm verziert.
Doch kann sie das Loch nicht schließen.
Hast du ein Gewissen,
wird die Liebe dich besitzen.

Und hat man kein Gewissen
und ein Herz aus Euromünzen,
dann kann man sie besitzen
und sie wird so handeln müssen,
wie die Liebesspekulanten,
sie an Fäden tanzen lassen.

Vorwärts, abwärts, rückwärts, inwärts

Wir taumeln durch die Lebenswelten,
und tasten uns mit blinden Händen
in die Leben andrer Menschen,
um uns in den Dämpfen,
verbrannter Momente

träge aneinanderzuketten.
Abwärts, rückwärts, selbstgerecht, waagerecht.

Da bist du. Ich verehre dich!
Nie war irgendwas so leicht.
Ich fühle es und denke nicht.
Das, das ist die Liebe, nein!
Das hab ich irgendwo gelesen,
doch das sind Fake-News gewesen.

Da bist du. Ich verzehre dich.
Dies alles fällt mir viel zu leicht.
Ich tu es, doch ich will es nicht.
Das, ja, muss die Liebe sein.
Das Lasten von den Schultern nehmen
und tausend wieder auferlegen.

So romantisch kann es sein,
das Heiligste, was werden kann.
„Das reicht uns nicht!", hör ich sie schrei'n,
sie weisen meine Worte ab.

Doch zeig ich euch zum Zeitvertreib,
das kleine bisschen Sicherheit,
das auf der Welt zu finden ist.
Spoiler, es ist nicht Lovoo
auch Tinder gehört nicht dazu
das sind dieselben Spekulanten,
die uns die Barbie Puppe brachten

und aus Liebe etwas machten,
das sich in Regalen vermarkten lässt.

Ihr denkt zum ersten Mal, seit immer,
und droht mit Armut wie mein Vater,
ich sage Liebe, das ist schlimmer,
weil ein kleines Stück realer,
als Währungsmarken
und andere Glaubensfragen.

Glaubt bitte keine Liebeserklärung,
die sich in Sekunden begreifen,
und neben Mahlzeiten, einer Ernährung,
für Likezahlen zubereiten
und im sozialen Wettfressen
auf Webseiten teilen lässt.
Und geht nicht durch euren Freundeskreis
wie durch eine Bäckerei.

„Das da hat vor mir aber schon mal jemand angefasst, das
will ich jetzt nicht mehr!"

PLASTIKTÜTENLEBENSFREUDE

Neulich am Görlitzer Park,
ich eskalier so vor mich hin
und sehe diesen Typ mit einer Göre im Arm,
die ist fast noch ein Kind.

Ich stehe auf, um mich zu sammeln,
gehe zu ihm hin und sage „Läuft bei dir!"
Später sieht man uns zusammen um die Häuser flanieren.

Viele Drogen später liegen
beide am Boden
und nach sieben weiteren
glaub ich, dass sie tot sind.

Schöner Abend.
Ich durchforste sie nach Geld, dass sie noch haben,
lasse sie in ihrer Kotze liegen,
ziehe hochzufrieden weiter,
um gestreckten Stoff zu dealen.

DER TOD DES AUTORS

So hat es sich im Sand verlaufen,
dass kein Wiederfinden war.
Vom sich im Weltengeiste taufen,
wie es sich auch winden mag,
von Ausbeutung zum letzten Schnaufen,
von dem Krankenbett zum Sarg.

Wie man es auch dreht und wendet,
es hat sein Potential verschwendet,
die Welt an ihren harten Rändern,
anzugreifen und zu ändern.

Und doch es hat geliebt, gelebt,
gesegnet und verdient, die Menschen
waren um es, für es, schließlich
fähig zu berichten von den Taten
die sich zu seiner Zeit begaben.

Die Welt zu ändern, wer's vermag,
trägt diese Pflicht an jedem Tag,
ohne Liebe, ohne Freunde,
sonst bleibt am Ende nur Bereuen.

Ein Klagen zog in alle Winde,
schwer zu sagen nur wie laut.
Konnt' es seinen Frieden finden,
bevor des Tages Ende graut,
bevor der enge Blick erblindet,
und in eine Schwärze schaut?

Feed on the Starved

Ist in dem Sterben ein Vermissen
und Innen eine letzte Wärme?
Ist Ewigkeit der letzte Odem
oder Zeit bedeutungslos
und kalt und Wärme eine Täuschung?

Das Leben hat sich selbst zum Zweck.
Wenn alles schwindet, nimm den Rest,
greif auch mit einer tiefen Wunde
nach jeder einzelnen Sekunde.

Es bettete sich in den Schleier,
des Lebens letztes Abendrot.
Als Menschheit an uns selbst zu scheitern,
ist unser Privileg und Not.
Die Zeit ist lang und wir sind leider
davon lang so lange tot.

Oh, sein Lachen ist verklungen
unten der Gedanke droht,
damit zu schweigen und Verstummen
ist die Folge für die Welt,
als die Erinnerung entfällt.

Unsterblich hätt es werden können,
doch kann es seinem Werk nicht gönnen.
Unser gehässigster Teil,
Fabian hielt uns alle klein.

So hat es sich im Sand verlaufen,
dass kein Wiederfinden war.
Entschied sich, keinen Trost zu brauchen,
wenn das Lebensende naht.
Die Gehässigkeit im Bauche
zieht verrottend in das Grab.

Wir danken ab, es liegt nun da
und wurde still im Abendland,
es schwieg die allerletzte Stimme,
ein letztes Lächeln auf den Lippen
ein letztes hämisches Empfinden.

Während ihr von Trennung schreit,
ist die Flagge halb gehisst
und trotzdem wird's Verschwendung sein,
weil es ein Sterben ist.

DROGEN

Wie konntest du so arrogant sein
diesen Ausweg anzustreben?
Es hat auf mich den Anschein,
du wolltest für mehr Punchlines
dein Seelenleuchten geben.

Jetzt bist du taub und dumm vielleicht
und ist es diese Hitze wert,
die sich in einem Zug vereint,
in deinen stumpfen Flügellein,
hinein sie derart zu verehren?

Wer Einblicke ins Jenseits will,
der soll auch seinen Wegzoll zahlen.
Du verlierst dein Spiegelbild,
andere nur ihre Milz,
das sind sich gleiche Qualen.

Identität, dein Seelenlicht,
du hast die Pflicht zu leben
und suchst Pflichten abzugeben,
sie abzugeben. Behaupte nicht,
dass du die deine gerne hattest.

Was du in entscheidenden
Entscheidungsaugenblicken denkst,
ist egal, vergleicht man es,
mit den verzweifelsten
Momenten und dann sich selbst.

Bring dich weg
und tu es auch recht ehrenvoll.
Du hast dich selbst zum Zweck
und vielleicht wirst du wiederentdeckt,
mit all deinem verzehrten Stolz.

KAFFEEPAUSE

Ich sitze in der Wienmoderne
unter den Kaffeehausdichtern,
schau nach draußen, nach den Sternen,
doch es sind nur Straßenlichter.

Kaum noch Kraft in meinen Armen,
die die Kaffeetassen halten.
Bin in einem Schrei gefangen,
wie ein kranker Mensch ihn mahlte.

Illustriert in Zeitungsbänden,
mit denen ich gefesselt bin
sind Atomreaktorbrände,
die vor meiner Haustür sind.

Draußen vor den Fensterscheiben
wartet eine Welt auf mich.
Da bin ich Mensch und muss entscheiden,
grade das gefällt mir nicht.

BLUES

Kennst du das Gefühl
im Blues zu sein?
Im Gefühlsgefüge
verloren zu sein?

Den weißen Hasen
verfolgt zu haben?
Fragenloses Löcherstarren.
Verharrender Stillstand?

Der alte Blues versucht,
und wird gelingen
den Weltenherzschlag
zum Aderlass zu zwingen.

Verkopft. Verkopft
und unscharf. Darf
man doch nicht sagen, nein
nein, an Tagen des Blues.

Versucht zu fliegen,
um zu stürzen, weil
ich unversucht bin.
Zu persönlich.

Bin nicht fröhlich.
Das ist peinlich,
sie wollen etwas
Allgemeines.

Man interessiert
sich nämlich nicht
für Menschen, die
entsegnet sind, vom Blues.

Im Blues zu sein,
ist ein Gefühl,
unfassbar, umfassender
Sinnlosigkeit.

Rationalisierte
Emotionen, Dimensionen,
die Hölle auf Erden
zu durchqueren.

Lebende Menschen,
dem Leben entfremdet,
senden Hass in das
Benachteiligte.

Sie urteilen scharf,
über das Schaf,
das sich wie ein
Schaf verhält.

Das Schaf ist ängstlich
vor der Welt und hält
sich für das einzige Tier
mit weißem Fell.

Das ist nur Blues,
verfluchter Blues
Ja, kennst du das?
Gefühle haben?

wie Geschwüre zu tragen
in Magen und Herz,
tausende brennende
Kerzen, die bluest

man eine nach der anderen
beim Seelenwandern aus.
Vertraust du noch den Wölfen
oder tauchst du unter

Schafen unter?
Die weiß sind,
aber absolut
so blue wie nichts
unter dieser
schmutzigen Sonne.
Das ist nicht so lustig,
das wollen sie nicht. Im Blues.

Man sollte über Drogen,
Anekdoten aus dem Alltag
schreiben, aber davon
weiß ich kaum.

Bin nicht vertraut,
mit alltäglichem Leben,
weil ich auf andren
Sphären schwebe.

Verzeiht mir meine
Unverständlichkeit
und lasst es bleiben,
ich meine, wir bleiben

ja alle im Blues.
Versammeln wir uns,
um uns in einigem
Unsinn zu vereinigen.

Wir einigten uns
auf den Blues,
weil dies das
Einfachste bleibt

trotz Aufmerksamkeitsdefiziten
und Defiziten an Aufmerksamkeit.

SPOTT

Aber Zuhause ist auch da, wo das Lachen wohnt.

RECHTS VOR LINKS

Der ist ein Menschenfreund, das kann,
man gegen ihn verwenden.
Das Ungerechte packt er an
mit seinen Schilfrohrhänden.

Die zerfasern und zerbröseln
wie Zukunftshoffnungen.
Der Zeitgeist murmelt leise Töne,
hat Verstopfungen.

Ein anderer ist wechselhaft,
er wechselt oft die Straße
und driftet an den rechten Rand,
den schlammversifften Graben.

Bald hochgeschürzt den alten Rock,
so zieret Mann sich durch die Zeiten.
Und stößt die Welt, nach manchem Schock
in Unangenehmlichkeiten.

EIN LIEBLICHES LIEBESGEDICHT,
IN DEM ES UM LIEBE GEHT
Ich bin wie ein ausverkaufter Spielzeugladen.
Ich habe keine Knete.
Fühl mich wie ein staubiger Feldweg... Betreten.
Trotzdem will ich dir sagen,
ich bin wie die Zahlen deiner Telefonnummer,
umzwar nur an dich vergeben.

Wärest du ein Häuserdach, dann
würde ich dich gerne decken.
Obwohl ich es nicht kann,
doch vermag nichts mich abzuschrecken.

als wäre ich das Gegenteil,
von einem frisch gekochten Frühstücksei... Yeah.
Stattdessen bin ich wie ein Hai inmitten
eines Schwarmes Fische... ich bin verbissen,

wenn es um dich geht,
so als wärest du ein See
in einem Park, um den
man an einem schönen Tag
einen Spaziergang machen mag.

Wenn du ein frisches Brötchen wärst,
dann wärest du ein Kuchen,
und wie eine Goldkiste im großen Meer,
nur muss ich dich nicht suchen,
weil du immer bei mir bist,
wie etwas eigenes, dass man immer bei sich trägt... Yeah!

Naja, darum- darum und weil ich dich auf
Händen trage, so wie eine Karton,
den man bei dem Umzug eines guten
Freundes in den dritten Stock nach oben
trägt... Yeah!

Du strahlst so helle,
so wie eine Metapher für Klugheit
und bist wie ein Uhrzeiger,
du gehst mit der Zeit.

Ich hab so viele Worte,
als wäre ich ein Duden.
Du bist eine von der Sorte,
die viele Männer gerne suchen,
nur dass ich dich gefunden habe,
das ist meine Gabe,
so als wärest du... ein Geschenk.
Dieses Gedicht hat großen Wörterumsatz
und sie alle sagen Liebe,
wie wenn ich sage, du seist mein Flugplatz
weil ich auf dich fliege... Yeah!

DER DRITTE SOHN

Ein Liderschlag, du wirst geweckt
von Sonnenstrahlen warmer Hand.
Endlich ist der Tisch gedeckt.
ein Mahl auf Holz und Samt.

Und ein Geruch erfüllt die Lüfte
Frühstück, frisches Brot und Sahne
Saft und Marmeladendüfte,
Knurren, Hunger zieht am Magen.

Schon kannst du weder warten
noch schlafen und stürmst hin
zum Schrebergarten,
in welchem die Gerüche sind.

Kinder, zwei. Die sitzen wohlig
essend. Du kommst angekrochen.
Ihre Haut so weich und rosig,
deine fahl auf schwarzen Knochen.

Jetzt schnell, solange sie allein...
Die Gelegenheit ist gut.
Du schlägst sie nieder, frisst ihr Fleisch,
und schlürfst ihr Knochenmark und Blut.

FÜR POESIE ZU DUMM

Ich bin unmotiviert wie ein Schüler.
Drum führ' er mich durch meine Verse.
Fremdbestimmung. Fremdbestimmung.
Glaubt nicht. Denkt nicht.
Sprengt eure Welt.
Übrig bleibt ein leeres Feld
in einer Windows Datei,
weil man nix anderes kennt.

Schlimm so Partei
für das Nichtstun zu teil'n.
Ich bin unmoralisch.
Keine Zuversicht.
Ich bin das Schlusslicht einer
langen Reihe Gründe sich zu schämen.
Guten Tag, ich bin der Zeitgeist
und ich habe keine Lust auf dich.

Unverdichtet und stumpf
nicht klug und inspiriert
nichts was uns inspiriert
wir sind uninspiriert.
Wir sind Dichter
und wir lassen alle Lichter brennen
in den Steppen ohne Strom,
denn was zählt, ist das Verschwenden
mit vollen Händen,
weil ich das weiß und ich hab Recht.

ZUKUNFTSMUSIK

So spiele ich mir im Abendlicht
die Leiden von der Seele.
Zwar die erste Geige nicht,
aber die letzte Trompete.

Stößt man mächtig in die Rohre
und schickt den Dampf auf Reisen,
erreicht er abgeneigte Ohren,
übertönt die Meisten.

Der angegangene Dampf
steigt auch in arrogante Nasen
und ficht den ewigen Kampf entgegen
Stacheldrahtzaunphrasen.

Das hören auch, die Spesenbezieher
die Lieder, diese Weltenformel
vom einsamsten Trompetenspieler,
die er aus den Knochen der Berge formte.

Der Künstler steht im Hintergrund,
doch nah genug ihn zu bewerfen.
Weil jeder im Sturm der Orchester verstummt,
vermag er nur zu nerven.

STERBENDE ROMANTIK

Oh! Cavaliere, so begehrt.
Verehrt von allen, ach wie sehr.
Oh! Ihr formsozialen Menschen
ihr müsst sterben in Momenten,

wenn es um eine Frau zu kämpfen
gilt. Ach Milz des Volkskörpers,
erörtert mir die Dummheit, die
euch trieb gegen den Geist der Zeit.

Verwegene Cavaliere, oh!
Vergebliche nach der Liebe
strebende Charaktere, ach!
Ach! Verzwackte Zeiten sind's!

Du willst sie ja, du willst sie wirklich,
doch ach! ach! ach! ja alle tot.
Es ist der Zeiten Not, sie sich
verbleibend zu vertreiben. Menschlich.

80 MILLION (DE-EJ-JUP?)

Die Schule brachte mir Englisch und Mathe,
so vieles bei – was mich nicht interessiert.
Ich sollte lernen, doch das war mir Latte,
so wie mein Kaffee am Morgen frisch serviert.
Der ganze Text hat so gar keinen Tiefgang,
doch ist egal, schaut hier mein volles Haar.
War ein Verlierer, doch dank meines Sponsoringvertrags
mit Alpezin, bin ich ein Superstar.

Ich mache Kunst,
die niemand mehr kennt
in einem Jahr
nach dem nächsten Trend.
Ich mache Geld und das ist mein Talent
lieber Schlampe als arm sein.

Wie einer von achtzig Million.

So wie ich schreibe, kann jeder schreiben.
Das was ich sage, wurde schon oft gesagt.
In diesem Land, wo die Dichter und Weisen
die Welt erschaffen, so wie am Gottestag,
mit ihrer Sprache, der Macht dieses Landes
und Kultur so wie kaum jemand es kann.
Man könnte meinen, das was hier bekannt ist und war,
intelligent ist und nicht Max Giesinger.

Ihr habt gehofft,
etwas Gutes zu sehn
und dachtet noch,
es ist noch nicht zu spät
für Kultur, doch ihr müsst es verstehn,
da verdient man kein Geld mit.

Wie einer von achtzig Million
interessanten. Ej!
guten Künstlern. Ohh
gute Künste. Ohh.
viel relevantere Kunst.
von interessanten Ej!
guten Künstlern. Ohh.

Kein Mensch ein - Kopierer,
der bringt die Kopie der Kopie, der
Kopierer – unliebbar,
er macht diese Nachkriegsmusik, ja,
kein Mensch ein, Kopierer,
der bringt die Kopie der Kopie
(Kopie der Kopie der Kopie der Kopie)
Ihr habt gehofft, etwas gutes zu sehn,
ein Trend, ein Song, den sie nicht gleich verstehn
Die Zeit vergeht und bald sterbt ihr auch schon,
ohne den kleinsten Funken,

den das Gedudel euch nahm.

HEXENTREFFEN

Dieser Wald schmeckt altgebacken
und hier ist seine Lichtung.
Zum Anlass der Walpurgisnacht,
nah' ich mit einiger Dichtung.

Dort warten schon andere Kleriker,
verweisen auf ein Später,
versuchen es täglich weniger
nach Anzahl ihrer Wähler.

Oh Künste, ihr gegorenen,
ich möchte nicht länger verweilen
neben den Hochwohlgeborenen
und ihrer Selbstgerechtigkeit.

MEDIA

Im Internet sähen wir Aufmerksamkeit,
um Aufmerksamkeit zu ernten.
Bis man irgendwann zu entferntester Zeit
genug hat sich zu entfernen.

Wir wollen hier alle nur Ruhm und Erfolg,
um Ruhm und Erfolg zu haben.
Jeder ist mit dabei, wir sind das Volk,
bestehen aus vielen Farben.

Ein Blaumann meint Anderes, dann gibt es Streit,
um wieder streiten zu können.
Hunderte Fingerlein sind schon dabei,
sich hebend zu erfrömmen.

Denn niemand hier möchte der Schuldige sein,
die anderen sind es doch, alle
wollen sie heute ein Youtube-Star sein,
in diese Rolle fallen.

Dann diskutieren wir nicht mehr selbst,
doch lenken nun die Diskurse.
Dann streben wir Hügel zu Bergen zu machen
und zwitschern manchen Unsinn.

JUSTITIA

Die Krieger sind im Wort bewaffnet,
doch führen es wie Eisenstäbe
gegen alle, die trotz Hasses
hinter einer Sache stehen.

Man kann sie äußerst zahlreich sehen,
wenn sie das Netzwerk überschwemmen
wo sie die Taschen ihrer Seele
äußerst prallgefüllt erdenken.

In ihrem selbstgerechten Taumel
verschwimmen sie zu Schlieren,
um sich vor dem Olivenbaume
recht verschwenderisch zu zieren.

Justitia, im Eid verpflichtet,
ist dies Neid in deinen Augen?
hast du den Verband gelichtet,
um nicht mehr an die Welt zu glauben?

Justitia, Gebrechliche!
Seit wann ist alles ein Verbrechen?
Wann nahm man dir das göttliche?
Was hast du nur zu rächen?

JUSTITIA, DIE SELBSTGERECHTE

Justitia, du Silberlöffel,
wie du dich in dir selber spiegelst,
seitdem du deine Augen öffnest,
du hast dich vor der Welt versiegelt.

Die einstmals herrliche Legierung,
blättert seit den Phasenstürzen
nach der Säkularisierung
ab in ungeklärte Tiefen.

Justitia, im rechten Lichte,
unter deinem Silberkleide,
bist du fein mit Rost beschichtet,
wozu lies't du dich verleiten?

Im Lande der versagten Dichter
ist es Egomanendenken
neuer, selbsternannter Götter,
dass die Invalidenrente

aller ernst gemeinten Sätze,
in die nahste Zukunft löffelt.
Justitia, du Silberschnepfe,
hast du deinen Blick geöffnet?

Schöpferin, du Löffelgöttin
bist du nicht in jedem Menschen?
Weil jeder gerne kämpfen möchte
für mehr gedachte Grenzen?

Dann kommt es, dass die Waffe klirrt,
ein Kampf zur Teilung von Gewalten.
Justitia, du Prachtgeschirr,
die Suppe ist versalzen.

HERRSCHER IHRER WELT

Durch einen lauten Märchenwald
mit einigem Naturasphalt,
da ging ich stets gesenkten Blickes,
fand dabei so manch verrücktes.

Einmal ja, ganz unverhofft
und übermannt von Schlamm und Rost
lag neben leeren Blutampullen
eine Schmuckschatulle.

Die tat sich auf mit einem Klicken.
Heraus trat mit gekrümmten Rücken
der dicke König und sein Schwein.
Dieses reitet sich so fein.

Und dieses Königchen, begleitet
ein Mann, der eine Ziege reitet.
Der Sultan aus dem warmen Süden.
Das Lügen zählt zu seinen Trieben

Dann kam der Zaar mit seinem Schätzchen
dem Esel, aus dem kleinen Kästchen.
Das Langohr hielt er sehr in Ehren,
er es auch für einen Bären.

Die drei erblickten sich sogleich,
sofort entstand ein großer Streit,
wessen Reittier nun das Schönste
und wer diskriminierter sei.

Sie stapften auf, (man hörte Rufe)
auf mit Händen und mit Hufen.
Und man konnte nicht beizeiten
Mensch und Reittier unterscheiden.

Sie schlugen sich wie kleine Kinder
und brachten einen Kleinkrieg hinter
sich - Lächerlich zu wissen,
dass diese drei die Welt besitzen.

Das dachte auch ein Knabe klein,
der trat in die Gesellschaft ein,
trat hinein in ihrer Mitte
und zertrat das Kästchen.

Dann war Ruhe im Wald.

HOFFNUNG

Hoffnung.

ERSTER LETZTER GANG

Als ich die Sonne erst erschielte,
öffnete der Spott mein Aug'
schrieb mir mit seinem Federkiele,
die Schiebermütze auf das Haupt.

Der Mann schaut runter auf die Welt,
mit drei Groschen und Courage
in der Tasche war er mein Held
und ich eine Zeit sein Page.

Als wir voneinander schieden,
schickt' er mit meinem neuen Sehen
mich dahin wo die Besten liegen,
tief hinein in Frankreichs Seele.

Doch wurde spät auf meiner Reise,
vieles war noch ungegohren
ein Weggefährte mir verheißen,
den seinen hat er früh verloren.

Als Hoffnung sich zum Wort verdichtet'
zog es in den warmen Süden.
Im Gepäck trug es Geschichten
vom Land, wo die Zitronen blühen.

Der Mann war schwieriger zu mögen,
doch war ich bald von ihm durchdrungen.
Voller Zucker durch sein Wirken
sprach ich viel in guten Zungen.

Doch nach dem vielbegehrtem Weine,
aus Ewigkeiten frisch gekeltert,
riss es mich von meinen Beinen
und bin vorm Alpenriff gekentert.

Ja, so bitter lagen. Dieses Meister
Lehrjahre ihm im fahlen Munde.

Doch irgendwann war er gefunden
und er-fand sich selbst dabei.
Von der Lidschlagzeit geschunden,
gab es einiges Geschrei.

Am Boden lag ein Mann in Nöten,
der verkehrt das Unfassbare.
Brachte mich mit sanften Tönen
seinem Zarathustra nahe.
Bald kamen wir am Abgrund an,
Er sagte: "Wag hinab ein Blick."
und stürzte sich den Schlund hinab,
ich aber wich davor zurück.

Ich blieb, er ging und dann war Stille.
Mir blieb Paris, mein letzter Wille.

So kam ich doch in Frankreich an
und alles roch nach Leben.
So fühlt es sich wie Schicksal an,
ihm schließlich zu begegnen.

Lorelay und Heimatliebe
liegen seiner Stätte bei,
auch Ehre ist ihm viel geblieben,
lange noch nach seiner Zeit.

Und im Club der Lyriker,
beim Grabesduft der Nacht,
lässt der alte Zyniker
mich neben sich hinab.

MILCH UND ZUCKER

Müde blinzelnd durch die Szene
„Alter Bau im Morgenlicht"
mein Tisch ist zwar nicht ordentlich
doch in deiner Nähe.

Da bist du hinter deinem Tresen.
Schaffe ich es, mehr zu wagen,
mehr als ein „Hallo" zu sagen?
Zuneigung gestehen?

Ich kehre ein, um dich zu sehn,
dein „Guten Morgen" ist die Welt
und eine leise Träne fällt
in meinen Milchkaffee.

EIN KÜNSTLER UND SEINE FAMILIE

Ich kannte einmal einen Redner
der meterdicke Bände füllte,
nur spielte sein Talent sich nur
spurenweise, durch seine Feder

in das wahre Leben ein.
So weit zur Unverständlichkeit.
Weil alles, was er zum Besten gibt
in Reimen auszusprechen gilt.

Und fragte er die Anwesenden,
wie es denn gefallen hätte,
sprechen sie in Sätzen wie.
"Jaja, du machst halt, was du magst."

Das ist wie die Reimschemata
des Gedichtes nicht durchsichtig.
Nicht durchsichtig, wie Milchglas
oder dass das nur das Vorwort war.

Also: es ist Sommerabend,
ein Abend ohne Morgenfragen.
Der Poet ist auf dem Weg,
nach nirgendwo, so seine Art.

Und unter Werbung der Konzerne,
im Lichte einer Ecklaterne.
Oh weh, entdeckt er ein Problem
der Ärmste wie unangenehm.

Die Gegenwart gehörte ihm,
doch in der Zukunft lag ein Termin.
Der irgendwann Vorbereitung erzwang.
Doch wie es sich für Poeten ziemt

richtet sich sein ganzes Denken
quer wie Irrgartenhecken,
so bleibt ihn nur nach seiner Art
Gedanken zu verschenken.

So sind die Verse letzten Endes
nur ein schüchternes Bekenntnis:
Die Prokrastination betrüge
man mit familiärer Liebe
und den allerbesten Wünschen.

PRÄSENS

Ich kenne viele Götternamen,
erfahren durch geneigtes Wort.
Bräuche ziehn durch diesen Ort,
die mal etwas bedeutet haben.
Die befolgen sie verbissen,
doch fühlen nicht, weil sie nicht wissen.

Ich weiß es, denn ich kann es sehn.
Die Sonne scheint auf meine Haut,
sie verwandelt weiß in braun
und das ist angenehm.
Es scheint, ich liebe diese Zeit
und etwas scheint auf mich zurück.

Die Sonne ist ein Vorhang gleich.
Ich will dahinter, aber er
ist hunderttausend Kilo schwer.
Die Zeit liegt schwer auf ihm.
Doch überkommen wenige
den Staub verblasster Predigten.

Geh hindurch, lass dich zurück.
Dahinter liegt, um sich zu spiegeln,
ein altes Buch mit sieben Siegeln,
von denen sechs gebrochen sind.
Wirf in dieses Buch ein Blick
und etwas schaut in dich zurück.

LIEBEDICHT

Wir leben in einer beschissenen Zeit,
Diese Welt ist fast unendlich,
doch zum Träumen zu klein.

Ich bin kein Pessimist,
weil alles, was ich sage
nicht weit hergeholt ist.

Ach, hör auf mich so anzulächeln,
in dieser Stadt ist zu viel Eis,
um es zu brechen.

Keine Ziele, keine Seele, keine Tugend.
Wenn das Leben jetzt ein Witz ist,
dann ein schlechter über Juden.

Ich dreh mich um
und du bist da.
Du drehst dich zu mir um und sagst:

Sind wir denn nun frei
oder dumm oder nicht?
Und ist das wirklich wichtig?
Muss es denn so wichtig sein?

Wir sind hier
vielleicht reicht das ja.
In einer viel zu kleinen Wohnung
ist man sich immerhin nahe.

Du hast Facebook nicht verstanden
und kritisierst bekannte Menschen,
und das muss man dir lassen,
ohne sie zu hassen.

Du hast die Therapie nicht nötig.
Ohne Feuer keine Asche
keine Phönixflugmetaphern.
Weißt du, was ich mein'?
Getönte Scheiben, außen Dunkel
innen Licht und Unbekannte
wir sind glücklich und zusammen.

MIT DIR

Mir dir will ich alles teilen
und schreiten, fest an deiner Hand.
Denn mit dir an meiner Seite
fühlt sich der Abschied besser an,
als tausend beliebigen Seelen
täglich neu zu begegnen.

Mir dir will ich Zeit verbringen,
egal ob drinnen im Himmelbett,
oder Bergeshöhn erklimmend,
wir bringen uns das Staunen
mit jedem Morgengrauen
gegenseitig in die Augen.

Denn mit dir wird aus dem wenig,
an Gefühl in meinen Wänden
ein ganzes Meer, genug um Schleswig
Holstein zu versenken,
doch weil ich für dich brenne,
kann ich das Wasser dämpfen.

Und mit dir an meiner Seite
verdichtet sich das Flüchtige,
füllt sich jede weiße Seite,
wie ein Boot mit Flüchtlingen,
voll mit Inhalt bis zum biegen.
Voller Glück, dass wir uns lieben.

Mit dir kann ich mir Fehler leisten.
Dinge können auch mal unvollkommen,
nicht perfekt sein. Wir zwei
machen das Beste aus allem
und können uns auch im Scheitern
gegenseitig begeistern.

Denn mit dir gibt es keine Zweifel,
wie ich etwas schreiben soll.
Egal zu welchem Bild ich greife,
aus welchem Brunnen mein Wasser quoll,
wir existier'n in solcher Nähe,
du wirst mich immerzu verstehen.

Wir zwei sind die wichtigsten
wichtigen Menschen,
unter tausenden, die um diesen
Titel kämpfen.
Und auch wenn das nur Kunst
ist
es wenigstens für uns
echt
Zeit die uns verbindet. Immer
mehr
fach nie mehr verschwindend
bald

ordnet sich das verschwommene,
für die sich Versprochenen.
Und die Welt gibt uns ein Stück
von unsrer Kindheit zurück,
wird in dieser Folge etwas mehr so,
wie sie seien sollte.

DIESER EINE ORT

Gibt es diesen einen Ort
den einzigen Ort, wo wir uns kennen
den Ort, wo wir für Zweisamkeit
und bunte Lichter brennen?

Einsam sein, ist sich zu ächten,
das neue Bild des Menschen brechen,
drum siehst du mich an jenem Ort
auf Ewigkeit. Ich suche dich.

Und ruf' aus meiner engen Brust
mit Kunst, dem kläglichen Versuch
mir meinen Weg zu fremdgezeugten
Knabenmorgenblütenträumen freizuräumen.

Hier ist Schwefeldunst,
der größte Überfluss an Klagen
und dann auch du.
Ein neuer Tag. Ich sehe dich.

Du liebliche Gestalt
auf einer Lichtung dieses Waldes
sehn wir uns nach all der Zeit
im mondweißen Venuskleid.

Wir sind der Lebenssinn des andern
das Ende von zu langem Wandern.
Die einsame Zeit, das Ungesagte
am Weidenteich. Ich halte dich.

Und bin glücklich. Ich bin glücklich.
Du bist alles, du bist richtig.
Du bist alles, was ich wollte,
was ich hoffte und nie hatte.

Du bist - du bist hier mit mir.
Ich möchte niemals wieder fort
Und willst du mich an diesem Ort
als dein Gemahl. Ich küsse dich.

SCHEIBENWELT

Ich gehe durch die Scheibenwelt.
So nah sind sich die Menschen:
Wenn einer eine Eiche fällt,
dann muss das Glas sie dämpfen.

Wenn einer eine Weisheit spricht,
dann stopft man sich die Ohren
mit Nachrichtengewitterlicht
und andrem Schlamm aus Rohren.

So lebt der Mensch recht gut und still,
muss nirgendwo für kämpfen.
Was immer er nicht hören will,
dass kann das Glas ihm dämpfen.

Ich gehe durch die Scheibenwelt.
Wie nah sind sich die Leute.
Wenn einer auf die Seite fällt,
kann jeder es bezeugen.

Wenn einer einen Zeitungsspruch,
dabei ist mit zu teilen,
dann kommt's zum Zeigefingerbruch.
Man verlernte, sich mitzuteilen.

Die Städte wurden still und laut.
All die toten Seelen
erblicken sich mit müdem Aug,
doch können sich nicht sehen.

In dieser unsrer Scheibenwelt,
muss man sich sein Glück erstehlen.
Und wenn einer von der Weide hängt,
hat man was, zu erzählen.

Versuchen wir drum nicht zurück,
in Ablenkung zu eilen.
Sogar vermochte ich zuletzt
gescheites aufzuschreiben.

Dank Lyrik bin ich nicht mehr blind.
Die Kuh ist nicht mehr lila.
Und brauchst du deinen Lebenssinn,
dann werde ich dein Dealer.

ALPENTRÄUME

Immer schon war mir bekannt,
dass der Mensch es einfach braucht,
mein „Hier" beginnt am Bergeshang
und gegenüber hört es auf.

Hier zählt weder Zahl noch Summe.
weder Pass noch Ordnungsamt.
Hier nur hier darf ich verstummen.
Ohne Sorge oder Angst.

Freudenlichter, Feenschwärme
in der Nacht zum Himmel hin.
Schuften in der Tageswärme,
für den höh'ren Lebenssinn.

Wo die Träume sitzen müssen,
ist mein Lebensabend nicht.
An der Bergesgipfelhütte,
leben meine Frau und ich.

CLUB DER TOTEN DICHTER

Von blauen Sphären schließlich abgestiegen
durch abendliches sich in Armen Liegen.
Dazu, eine Meinung mitzuteilen
unverfälscht in diesen Zeilen.
Zur Befreiung aus dem Schweigen
und Befreiung aus dem Selbst.

Dann bin ich in eurem Dienste,
Heiland aus der lichten Ferne.
Gibt es den Patron der Künste,
soll er von mir Dichten lernen.

Hybris, Hybris schlägt mein Herz,
die erste Pauke im Orchester.
Mit der Einzigartigkeit verschwestert
und nichts übertrifft den Schmerz
des Gedankens, eine wie die meine
könnt fabrikgefertigt sein.

Diesen Hauch, hauche ich euch ein
und mehr als euer Trübsal blasen
wird es ein Gewitter sein,
dass euch überfallen wird.

Weil ihr um mich weinen werdet,
wenn ich erstmal tot bin,
wenn Spätermenschen endlich merken,
dies ist so viel mehr verglichen
mit dem altverdienten Unsinn.

EINE NACHTGESCHICHTE ZUM ABSCHIED

Es war ein grauer Tag in Hamburg. Der Himmel, der es leid war, das Elend länger mit anzusehen, versteckte sich vor den Menschen hinter einem dichten Schleier aus Gewitterwolken. In einer S-Bahn saß ein Mann, dem ging es ähnlich, aber ohne so ewig und gleichgültig wie der Himmel sein zu können. Denn sein Name war Lotus und er war Teil von etwas, das sich Leben nennt und sich niemals von irgendwem erklären lassen wird. Dennoch; auch er hatte sich verschleiert, seine Kapuze tief ins Gesicht und einen schwarzen Schal vor den Mund gezogen. Lediglich seine Augen waren zu sehen, die immer aufgerissen so schienen, als wollten sie alles seh- und erlebbare in sich verschlingen, damit sie später nichts bereuen mussten.

Nein, dies war wirklich kein guter Tag in Hamburg, aber in Indien sollte das Wetter besser sein. Nur wie sollte man da jetzt so schnell hinkommen? Am Geld fehlte es und am Elan. Egal. Heute ist keine Zeit zum Ausbrechen, keine Zeit für den Aufbruch, für die große Flucht. Keine Zeit, die Gegenwart zu verbiegen, sich zu verlieben in dieselbe, keine Zeit für Heldentaten irgendeiner Art und gerade fragte der maskierte Mann sich... Nichts... Nichts was sich mit Worten sagen lies. Vielmehr mit Blicken. Seine Augen verrieten alles, denn in ihnen stand eine ausgesprochen unausgesprochene Frage an die gesamte Existenz. Eine Nummer kleiner ging es nicht. Wenn man erst einmal so weit gedacht hatte, wie Lotus, dann führt kein Weg mehr zurück. Er saß allein in dieser S-Bahn. Nur die zweidimensionalen, grinsenden Plastikpromies auf den Informationsmüllbildschirmen leisteten ihm Gesellschaft. Da war mehr Glück zu sehen, als es auf der Welt zu finden gab, mehr Müll zu lesen, als ein Mensch ertragen kann. Lotus machte sich nichts daraus oder aus irgendetwas.

Es ist egal, in welcher Realität er lebte, nur vielleicht sollte es sich dort glücklich leben lassen? „Nein", sprach Lotes, lies seine Stirn gegen die Fensterscheibe fallen und sah seinem schemenhaften Spiegelbild in die getrübten Augen. „Heute ist definitiv kein Tag für Heldentaten."

Lotus war allein in der S-Bahn, weil die Menschen sich mieden. Wenige waren unterwegs und jeder stieg in seinen eigenen, persönlichen Waggon ein. Deswegen war er auch so überrascht, als plötzlich die Türen zu seinem Abteil aufschwangen und ein schönes, hochgewachsenes Mädchen mit zerzausten, dunkelblonden Haaren sich zu ihm gegenüber an das Fenster setzte.

„Hey na?", begrüßte sie Lotus freundlich. „Cooles Outfit! Ich bin Myra und wie heißt du?"

„Lotus...", murmelte der Angesprochene, noch verdutzt über die Tatsache, angesprochen worden zu sein.

„Lotus also.", sagte Myra lächelnd, schlug die Beine übereinander und tippte mit den Fingern gegen die Fensterscheibe. „Wusstest du, dass Gott da draußen in dem regengrauen Wolkenhimmel die Ewigkeit für uns versteckt hat? Wir haben lediglich nie daran gedacht, nachzusehen, weil es dort so traurig aussieht. Wir stehen uns selbst im Weg."

„Die Ewigkeit sagst du...", entgegnete Lotus bitter, während er sein Gegenüber forschend anblickte. „Das ist eine Lüge. Es gibt sie nicht. Wir klammern uns an das

Leben, bis wir sterben. Das ist alles. Nichts ist wichtig, alles ist erlaubt."

„Du hältst dich wohl für sehr, sehr schlau, stimmts?", fragte Myra schnippisch und streckte ihm die Zunge raus.

„Ja... Leider...", gestand Lotus wie selbstverständlich mit verweinter Stimme ein.

„Nun dann beantworte mir folgendes: Wie kann einer überhaupt glauben, objektiv über das Leben ein Urteil fällen zu können, wo wir doch nur unsere subjektiven Sinne haben, um es wahrzunehmen?"

„Ja, das ist richtig, deswegen ist es ja auch so unglaublich tragisch, dass..."

„Wir können uns also nicht gegenseitig vorwerfen, falsch zu liegen, weil das schon ein Widerspruch gegen die menschliche Erfahrung ist. Tatsächlich macht es nur Sinn, wenn wir uns auf der Basis von festgelegten Wahrheiten unterhalten, auf die wir uns beide einigen können."

„Äh... Ja, das ergibt schon Sinn, aber..."

„Du hast eben gesagt, dass der Mensch sich an das Leben klammert. Folglich ist das Leben ein Fels in der Brandung, erstrebenswert oder schlichtweg angenehm oder schön, gibst du mir Recht?"

„Ja..."

„Und nun schau dich mal an... Du siehst ziemlich unglücklich aus. Denkst du Gott hat diese Welt schlecht geschaffen? Nein, er hat sie schön gemacht, damit wir fröhlich sein können..."

„Wie soll ich denn fröhlich sein?", unterbrach diesmal Lotus Myra. „Gott ist tot! Und wir haben ihn getötet! Die Wissenschaft ist gekommen und hat ein Loch in unser

Leben gerissen, das nichts auf dieser Welt jemals wieder füllen können wird. Der Horizont ist entzaubert und die planlose Leere dahinter entlarvt!"

„Gott ist doch nicht gestorben, du Dummerchen.", tadelte Myra Lotus wie ein kleines Kind. „Gott ist Sinn und Richtung und beides braucht der Mensch zum Leben. Ohne sie wären wir alle so grau wie dieser Regenwolkenhimmel."

„Du meinst bedeutungslos."

„Nein. Denn Gott ist nicht tot. Er ist jetzt nur woanders. Er hat sich versteckt hinter der grauen Wand, die so eintönig ist, wenn wir sie beiläufig betrachten, aber dort wartet er auf einen klugen, verzweifelten Mensch wie dich, um ihm diesen einen wichtigen Satz zu sagen."

„So, so und der wäre?"

Zärtlich griff Myra mit ihrer linken nach Lotus' Hand, umschloss sie daraufhin mit der rechten und sah ihm tief in die Augen. Seine Maske war verschwunden. Dann sprach sie langsam und deutlich: „Ich liebe dich."

Es hatte aufgehört zu regnen und die Sonne schien hinter den Wolken hervor durch die Fenster des sich verlangsamenden Zuges hinein. Kurz von dem Licht geblendet, schloss Lotus die Augen und als er sie wieder öffnete, war Myra verschwunden. Er lächelte und stieg aus seinem Abteil in einen anderen Waggon des Zuges hinein, um mit dem Menschen dort zu reden.

Heute ist ein Tag für Heldentaten.

INHALTSVERZEICHNIS

Gedichte lesen...6

Erster Zyklus: Zorn..8

Memento Mori..9

Regenschirm...12

Nicht mehr schöne Kunst.............................14

Hybris...16

Auf's Maul..19

Ausuferungen...22

Tote im ersten Untergeschoss.....................23

Tote Menschen...24

Ent-ART-ete Kunst.......................................27

hassliebe...29

Abwärts..30

Zweiter Zyklus: Verzweiflung.........................32

Schmetterling...33

König einer Welt..34

Vom „Gegen-Wände-Rennen"......................36

Die Raben auf dem Dachboden....................38

Ein Ausbruch...40

Einsamkeit 41

Fundament der Unwichtigkeit.....................42

Stille...45

Als früher noch früher alles besser war.......46

Heimkehr...48

Dritter Zyklus: Bitterkeit...............................49

Kapellengeflüster...50

Die Rose...52

Monolog des Nihilisten................................54

Aschenflügel...56
Vom Philosophen..57
Alles ist richtig, alles ist nichts....................58
Von gestern...59
Plastiktütenlebensfreude.............................62
Der Tod des Autors.......................................63
Drogen...66
Kaffeepause..68
Blues...69
Vierter Zyklus: Spott....................................74
Rechts vor links...75
Ein liebliches Liebesgedicht 76
Der dritte Sohn..78
Für Poesie zu dumm.....................................79
Zukunftsmusik..80
Sterbende Romantik....................................81
80 Million (De-Ej-Jup?).................................82
Hexentreffen...84
Media..85
Justitia..86
Justitia, die Selbstgerechte...........................87
Herrscher ihrer Welt....................................89
Fünfter Zyklus: Hoffnung.............................91
Erster, letzter Gang......................................92
Milch und Zucker...95
Ein Künstler und seine Familie......................96
Präsens..98
Liebedicht..99

Mit dir...101

Dieser eine Ort..104

Alpenträume..106

Scheibenwelt..107

Club der toten Dichter..................................109

Eine Nachtgeschichte zum Abschied.............110